GUIDE DES FORMATIONS

Éditeur : Izzi Xavier
4430 ANS
ISBN : 9798863264905
Dépot légal : octobre-novembre 2023
Imprimé à la demande par Amazon

Xavier Izzi

GUIDE DES FORMATIONS

TOUT SAVOIR SUR LES
DISPOSITIFS DANS FC 24

Je m' appelle Xavier Izzi et depuis 2016 je m'occupe du site futwithapero.com, qui est devenu une référence concernant la simulation de football d'EA Sports. Dès le départ, j'ai tout de suite voulu aider la communauté des joueurs en donnant des conseils sur la majorité des aspects du jeu et en répondant aux questions les plus fréquentes. Les réglages et paramètres m'ont tout de suite semblé être un point important dans la gestion d'une équipe. Ceux-ci ne sont pas toujours faciles à comprendre et, pour la majorité des joueurs, ils restent encore très flous. Il m'a donc paru logique de vouloir accentuer mon aide aux joueurs dans ce domaine. Voici comment est née l'idée de ce livre. En espérant que celui-ci vous soit utile pour la gestion de votre équipe.

Sommaire

- Les plans de jeu 9
- La tactique perso 10
- Les instructions 15
- Les rendements 19
- Les PlayStyles 21
- Explications des fiches techniques 23
- 3-1-4-2 24
- 3-4-1-2 26
- 3-4-2-1 28
- 3-4-3 30
- 3-5-2 32
- 4-1-2-1-2 34
- 4-1-2-1-2 (2) 36
- 4-1-3-2 38
- 4-1-4-1 40
- 4-2-1-3 42
- 4-2-2-2 44
- 4-2-3-1 46
- 4-2-3-1 (2) 48
- 4-2-4 50
- 4-3-1-2 52
- 4-3-2-1 54
- 4-3-3 56
- 4-3-3 (2) – "Resserré" 58
- 4-3-3 (3) – "Défensif" 60
- 4-3-3 (4) – "Offensif" 62
- 4-3-3 (5) – "Faux 9" 64
- 4-4-1-1 66
- 4-4-1-1 (2) 68
- 4-4-2 70
- 4-4-2 (2) 72
- 4-5-1 74
- 4-5-1 (2) 76
- 5-2-1-2 78
- 5-2-2-1 80
- 5-2-3 82
- 5-3-2 84
- 5-4-1 86
- Lexique 89

Les plans de jeu

ou les mentalités

Les plans de jeu, anciennement connus sous le nom de "mentalités", sont cruciaux dans FC 24. Ils vous permettent de faire face à n'importe quelle situation pendant un match. En effet, vous pouver changer de plan de jeu en utilisant simplement les flèches directionnelles vers la gauche ou vers la droite. Vous passerez alors sur un plan de jeu défensif, offensif, etc.

Attention ce n'est pas parce que votre plan de jeu s'appelle "défensif" qu'il l'est. Vous pouvez placer n'importe quelle formation où vous le souhaitez. Selon moi, les expressions "défensif" et "offensif" sont plutôt des moyens mnémotechniques pour identifier où un dispositif a été installé.

Via le menu "Gestion d'équipe" ou via le bouton L2/LT lorsque vous êtes sur votre équipe Ultimate Team, vous pourrez accéder à la tactique personnalisée et à vos plans de jeu. Vous verrez "Modifier les plans de jeu" en haut à gauche de votre écran. En appuyant à nouveau sur L2/LT, vous verrez vos plans de jeu ultra défensif, défensif, offensif et ultra offensif. Il suffit d'en choisir un et de le modifier.

Vous aurez compris que chaque plan de jeu peut posséder une formation différente et ne pas correspondre à son nom.

En ultra défensif, vous pouvez mettre un 3-5-2 et un 5-4-1. Vous devez décider ce que vous voulez.

Vous pouvez utiliser le même dispositif à plusieurs reprises dans vos plans de jeu et utiliser une tactique personnalisée différente. Le prochain chapitre du livre explique précisément la tactique personnalisée.

La tactique perso

La tactique personnalisée sur FC 24 est une composante importante de votre équipe. Même si certaines personnes n'y prêtent pas attention, cela peut changer la façon dont vos joueurs se comportent sur le terrain. Cela vous permet donc d'utiliser les faiblesses de l'adversaire ou tout simplement d'être plus cohérent avec votre style de jeu.

Comprendre la tactique personnalisée sur FC 24

Deux parties principales composent la tactique personnalisée. La partie défensive de votre équipe et sa partie offensive. Les "plans de jeu" vous permettront d'adapter votre tactique à chaque situation de match, comme dans les versions précédentes du jeu. Ils comprennent des tactiques ultra défensive, défensive, équilibrée, offensive et ultra offensive. La tactique adaptée vous aidera à ajuster votre équipe pour chaque plan de jeu.

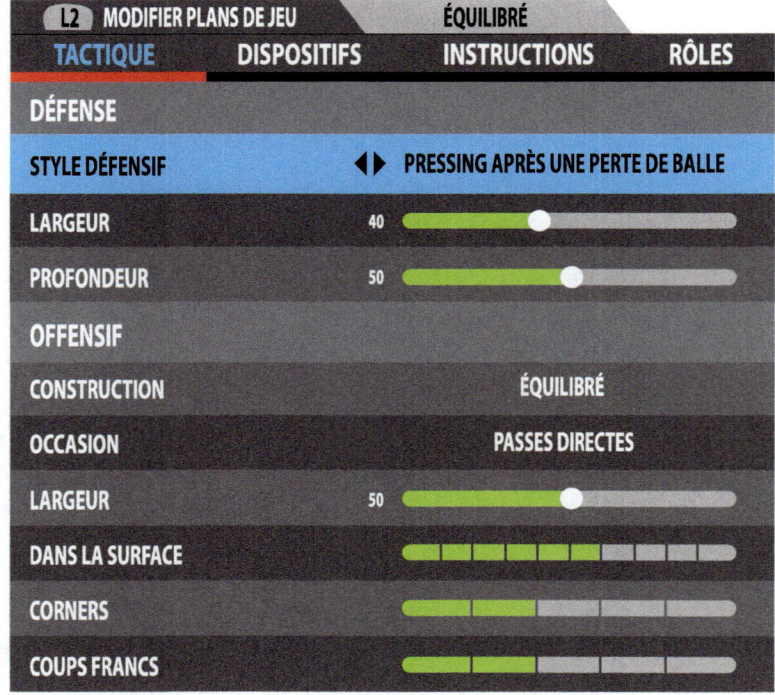

La partie défensive de la tactique personnalisée

La première chose à faire est de choisir un style défensif. Il en existe cinq différents avec chacun leurs particularités.
- **Équilibré** : un style équilibré où votre équipe presse la balle majoritairement au milieu du terrain.
- **Pressing de tous les instants** : votre équipe préserve sa forme jusqu'à ce que le pressing soit possible. Le pressing a lieu quand l'adversaire rate un contrôle ou rencontre des difficultés à contrôler le ballon.
- **Pressing après perte de balle** : en cas de perte de balle, vos coéquipiers pressent pendant environ 7 secondes. Vos joueurs risquent de se fatiguer et pourraient se retrouver hors de position si vous ne récupérez pas le ballon dans cet intervalle.
- **Pressing constant** : cette tactique met la pression sur l'adversaire. Elle peut exposer votre équipe, car vos joueurs se fatiguent et peuvent se retrouver hors de position.
- **Reculer** : cette tactique préserve la forme de votre équipe et laisse la possession à l'adversaire. Vos attaquants resteront passifs et vous aurez moins d'options offensives.

En défense, vous devrez par ailleurs choisir également la largeur et la profondeur de votre bloc équipe, et ce avec une jauge allant de 0 à 100.

Largeur défensive

- **De 0 à 33** : Vous ajustez votre structure défensive pour qu'elle soit étroite. Vous couvrez les postes axiaux pour gêner la construction adverse au milieu du terrain, mais vous risquez alors de laisser des espaces aux ailiers adverses.
- **De 34 à 66** : vos joueurs se placent de façon équilibrée sur le terrain. Les duels seront plus fréquents quand vous aurez le ballon.
- **De 67 à 100** : vos joueurs défensifs se placent de façon à couvrir les ailes, mais vous serez moins présent dans l'axe.

En fonction de la valeur que vous mettrez, l'impact sera plus ou moins grand. Par exemple une largeur de 67 sera plus étroite qu'une largeur à 100. Cela semble logique, mais il est bon de le rappeler.

Profondeur défensive

- **De 0 à 33** : Vous ajustez votre défense pour qu'elle soit plus basse laissera moins d'espace sur les longs ballons et les appels de balle adverses dans le dos de la défense. Vous vous exposerez cependant aux frappes de loin et vous laisserez la possession à l'adversaire.
- **De 34 à 66** : Vous ajustez votre structure défensive pour qu'elle soit équilibrée, permettant ainsi de densifier votre milieu de terrain et de gagner la bataille dans cette zone.
- **De 67 à 100** : vos joueurs défensifs se placent haut sur le terrain pour presser l'adversaire. Votre ligne arrière est plus haute et vulnérable aux passes longues.

Tout comme pour la largeur, plus la valeur sera haute pour la profondeur, plus votre bloc équipe jouera haut sur le terrain.

La partie offensive de la tactique personnalisée

En défense, vous deviez choisir un style défensif, alors qu'ici vous devrez choisir un style de construction et un style de création d'occasions. Pour ce qui est de la construction, il y a quatre styles différents. Chacun influence le comportement de vos joueurs.

- **Construction lente** : les joueurs soutiennent davantage le jeu de construction de l'attaque, plutôt qu'une approche directe avec beaucoup de courses vers l'avant. Cette tactique met l'accent sur un jeu de passes courtes avec une construction plus lente.
- **Construction rapide** : cette tactique pousse les joueurs vers l'avant pour une construction rapide, mais en cas de perte de balle vous vous exposez aux contres.
- **Long ballon** : l'équipe demandera de longs ballons dans la profondeur dans le dos de la défense adverse ou vers un pivot. Les attaquants rapides avec un bon placement offensif excellent dans cette tactique.
- **Équilibré** : cette tactique est utilisée pour une équipe équilibrée qui maintient son dispositif. Les joueurs viendront en soutien et feront des appels de balle quand ils estimeront que c'est opportun.

Au niveau de la création d'occasions, il existe également quatre styles différents.

- **Possession** : les joueurs viennent en soutien plutôt qu'ils ne montent vers l'avant. Cette tactique renforce le jeu de passes courtes mais ralentit la construction du jeu.
- **Courses vers l'avant** : cette tactique pousse les joueurs vers l'avant, en profondeur, mais si vous perdez la possession du ballon, vous risquez de vous exposer à une contre-attaque.
- **Passes directes** : une fois que l'équipe entre dans la zone d'attaque alors qu'elle est en possession du ballon, les joueurs créent des occasions en faisant des courses pour des passes dans l'espace derrière la ligne arrière adverse. Les attaquants qui sont rapides et qui ont un bon positionnement offensif sont généralement bien adaptés à cette tactique.
- **Équilibré** : cette tactique est utilisée pour une équipe équilibrée, qui maintient sa formation tout en développant l'attaque. Les joueurs offrent leur soutien et effectuent des courses lorsqu'ils pensent que c'est le bon moment pour le faire.

Largeur offensive

Après ces deux paramètres, vous devrez également configurer la largeur offensive. Comme son nom l'indique, ce choix influencera la largeur de votre bloc équipe, par exemple si vous préférez jouer sur les ailes ou dans l'axe.

- **De 0 à 33** : vos joueurs se placent en formation serrée pour occuper l'axe du terrain. Les ailes seront exposées en cas de perte de balle.
- **De 34 à 66** : votre attaque sera équilibrée avec un positionnement générique pour vous donner plus d'options offensives.
- **De 67 à 100** : vos joueurs offensifs se placent en formation large. Vous aurez plus d'options sur les ailes, mais moins dans l'axe.

Concernant les joueurs dans la surface, le nombre de joueurs qui montent sur corners et sur coups francs, voici un récapitulatif.

Joueurs dans la surface

- **De 0 à 3 barres** : Vous avez moins de joueurs dans la surface pour un style offensif plus patient. Vos joueurs resteront en dehors de la surface et feront rarement des appels de balle sur les centres.
- **De 4 à 7 barres** : vos partenaires feront des appels de balle dans la surface si cela s'avère judicieux.
- **De 8 à 10 barres** : Vous demandez à vos joueurs de faire de nombreux appels de balle dans la surface. Vous serez nombreux dans la surface, mais exposé aux contres.

Corners

- **De 1 à 2 barres** : Vous avez un faible nombre de joueurs dans la surface de réparation adverse sur les corners pour une approche plus défensive.
- **3 barres** : Vous avez un nombre normal de joueurs dans la surface de réparation adverse sur les corners.
- **De 4 à 5 barres** : Vous avez un grand nombre de joueurs dans la surface de réparation adverse sur les corners pour une approche plus offensive.

Coups francs

- **De 1 à 2 barres** : Vous avez peu de joueurs dans la surface adverse sur les coups francs pour une approche plus défensive.
- **3 barres** : Vous avez un nombre normal de joueurs dans la surface adverse sur les coups francs.
- **De 4 à 5 barres** : Vous avez beaucoup de joueurs dans la surface adverse sur les coups francs pour une approche plus offensive.

Les instructions

Les instructions de FC 24 sont essentielles. Le comportement de vos joueurs sur le terrain sera déterminé par les instructions et la tactique personnalisée. Certaines personnes jouent avec les instructions par défaut. Mais si vous comprenez les instructions de FC 24, votre jeu sera considérablement amélioré et plus simple.

Les instructions changent la façon dont vos joueurs agissent sur le terrain. Par conséquent, nous pouvons relier les instructions, la tactique personnalisée et les *work rates* des joueurs. Les *work rates* ou rendements, sont uniques pour chaque joueur et ne peuvent donc pas être modifiés, mais certaines instructions peuvent diminuer l'impact des *work rates* d'un joueur au sein de l'équipe. Les explications que vous trouverez dans ce chapitre sont générales et peuvent varier selon vos préférences ou votre style de jeu. Je vais essayer de vous aider en vous donnant des exemples concrets pour chacun des postes.

Gardiens

Dans FC 24, vous pouvez demander à vos gardiens d'être prudents ou agressifs sur les centres et en dehors de la surface. Je n'ai pas de conseil à donner sur ce point : c'est à vous de décider. Je demande souvent à mon gardien les instructions par défaut.

Défenseurs

- **Défenseurs centraux**

En prenant l'exemple de Sergio Ramos sur FIFA 23, il avait des *work rates High/Med* grâce auxquelles il montait énormément pour apporter son soutien. Évidemment, ces *work rates* perturberont votre défense si un de vos défenseurs centraux monte. Je vous conseille de demander de rester derrière aux joueurs comme lui. Bien qu'il reste derrière via les instructions, cela ne signifie pas qu'il ne le fera plus, mais cela diminuera ses ardeurs offensives.
En revanche, Giorgio Chiellini a des *work rates Med/High*, ce qui signifie que le joueur aura plus tendance à rester derrière pour maintenir la stabilité de la défense. Par conséquent, l'instruction ne me semble pas primordiale dans ce cas.
En ce qui concerne les interceptions, je vous conseille d'utiliser toujours vos DC en interceptions normales.
Bien que les interventions agressives puissent être utiles, je pense personnellement que c'est prendre des risques inutiles.

- **Défenseurs latéraux**

La plupart d'entre eux ont des *work rates High/Med*. Comme vous l'aurez compris, les latéraux monteront par défaut pour apporter un soutien en attaque. Mais si vous préférez qu'ils restent derrière, vous pouvez modifier leurs instructions pour qu' ils restent derrière lors d'une attaque.

Au niveau des interceptions, je préfère les interceptions normales car les interceptions agressives peuvent amener votre joueur à être effacer trop rapidement par l'adversaire.
Vos latéraux monteront un peu même si vous leur demandez de rester derrière en attaque. Cet effet peut être atténué.

Milieux de terrain

- **Milieux défensifs**

Les vrais milieux défensifs ont des *work rates Med/High*. Les instructions ne sont pas utiles dans ce cas car le joueur mettra tout de même l'accent sur l'aspect défensif. Mais si nous prenons l'exemple d'un milieu un peu plus complet avec des *work rates High/High*, celui-ci défendra, mais ira également considérablement vers l'avant. Dès lors, votre milieu défensif ne sera pas là pour défendre lors d'une contre-attaque rapide de l'adversaire, qui peut vous faire très mal. Il suffit de donner au milieu défensif des consignes de rester derrière en attaque et de rester au poste (ce sont deux instructions distinctes), afin qu'il puisse rester devant votre défense et jouer son rôle avec précision.

- **Milieux centraux**

Les milieux centraux, ou le "cœur" de votre équipe, sont cruciaux. Par exemple, De Bruyne (*High/High*) et Odegaard (*High/Med*). Odegaard défendra moins que De Bruyne par défaut. Je vous conseille donc de lui ordonner d'être libre et offensif plutôt que de le laisser avec une instruction équilibrée afin d'essayer d'obtenir le meilleur d'un joueur tel que lui. Vous pouvez également lui demander de rester au poste, mais au vu de ses *work rates High/Med*, il aura tendance à monter en attaque. A l'inverse, je vous conseille de laisser l'instruction en équilibré pour un joueur comme De Bruyne, qui a des *work rates High/High*. Ainsi, il fournira une contribution à la fois offensive et défensive. Par contre, vous pouvez lui dire soit de rester au poste pour qu'il reste à sa position, soit d'être libre et offensif si vous voulez qu'il se projette un peu plus vers l'avant.

- **Milieux offensifs**

Je pense qu'il est important de demander à son milieu offensif d'être libre et offensif. Cela lui permet vraiment d'être libre et crée du danger pour la défense de l'adversaire.

Attaquants

- **Ailiers**

Les instructions peuvent varier pour ceux-ci en fonction de leur position dans votre composition d'équipe (qu'ils soient milieux gauche/droit ou ailiers gauche/droit). Il vaut mieux mettre un milieu en équilibré pour qu'il aide en défense et en attaque. Il est préférable pour un ailier de rester devant pour rester haut et ne pas trop descendre. De plus, vous pouvez lui demander soit de déborder pour adresser les centres à vos attaquants, soit de repiquer le centre pour apporter des solutions. Cela dépend de vos préférences.

- **Buteurs**

Prenons l'exemple d'un attaquant ayant des *work rates High/High*. Il redescendra beaucoup. Il est donc préférable de lui demander de rester devant. Mais même avec cela, il redescendra un peu pour décrocher et aider défensivement. Mieux vaut favoriser un attaquant avec des *work rates High/Low* ou *High/Med* et lui demander de rester devant si vous préférez un attaquant qui reste en pointe sans redescendre. Vous pouvez également lui demander de jouer comme pivot pour vos ailiers ou de faire des appels dans le dos de la défense, en fonction de votre style de jeu.

Pour être honnête, les attaquants dépendent de votre style de jeu. Dans une dispositif avec deux buteurs, il est judicieux de demander à l'un des deux attaquants de faire appel dans le dos de la défense et laisser l'autre en équilibré. Mais encore une fois, faire des appels dans le dos de la défense si vous ne jouez jamais en profondeur ne sera pas très utile.

Les rendements

ou work rates

Chaque joueur sur FC 24 a un rendement offensif et un rendement défensif. Il existe trois catégories de rendements/*work rates* : faible, moyen et élevé. Les termes anglais sont plus utilisés pour les décrire : *Low, Med et High*.

Prenons l'exemple d'un milieu central qui sera au cœur de votre équipe.

Ce type de joueur est présent pour aider défensivement mais apporter son soutien en attaque également. Cela implique donc des *work rates High/High*. Afin que ce joueur soit fréquemment présent en phase défensive et offensive, il est important de faire attention à ce point. Les instructions permettent de gommer un peu les rendements mais pas tout à fait. Un joueur ayant des rendements *Med/High* aura quoi qu'il arrive tendance à plus défendre qu'à attaquer. Cela pourrait vous poser des problèmes lors des phases offensives si votre milieu ne vous aide pas en attaque.

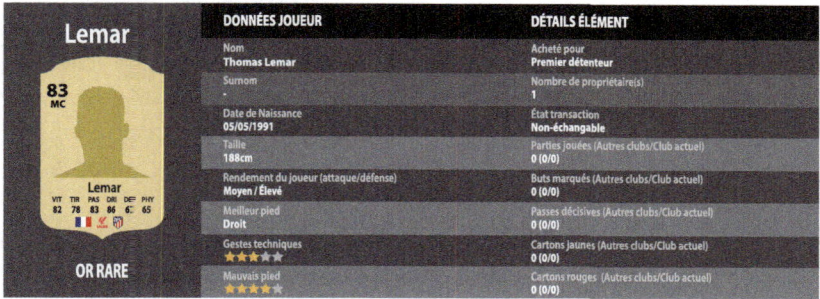

Les *work rates* sont différents pour chaque poste sur le terrain. Pour déterminer les *work rates* idéaux pour chaque joueur, vous devrez prendre en compte les facteurs suivants :

- Sa position sur le terrain
- Quelles sont les attentes pour lui sur le terrain?

Vous préférez un défenseur latéral offensif ? Alors vous irez vers un joueur avec des rendements *High/Med*.
Pour un buteur, il est intéressant de surveiller son rendement défensif; Si vous voulez qu'il reste devant et ne redescende pas trop sur le terrain, alors il vous faudra un attaquant qui n'est pas *High/High*.

Prenons un autre exemple avec un milieu latéral (gauche ou droit) dans une formation composée de quatre défenseurs. Votre milieu aura moins de travail défensif à faire, donc cela fonctionnera bien avec un joueur *High/Med*. Cependant, vous voudrez certainement que votre milieu aide les trois défenseurs centraux si vous jouez avec un dispositif à trois défenseurs. Dans ce cas-là, vous devrez prendre un joueur avec des rendements *High/High*.

Trop peu de joueurs sont conscients de l'importance de ce système de rendements. Vous verrez une réelle différence si vous choisissez bien vos joueurs.

Les PlayStyles

ou styles de jeu en français

Les PlayStyles sont une nouvelle mécanique instaurée dans FC 24. Ils permettent de totalement repenser sa façon de créer son équipe.

Chaque joueur au monde est différent, et les PlayStyles sont là pour mettre en évidence cette différence. Il en existe 34 différents, et tous existent en version normal ou en version PlayStyles+. Les PlayStyles+ sont réservés aux joueurs de classe mondiale.

Chaque joueur aura ses PlayStyles (bien évidemment ils ne les auront pas tous à disposition), comme ici avec Virgil Van Dijk qui en a 7 sur les 34 qui existent. Chaque PlayStyles existe en version normale et en version + (en doré sur l'image).

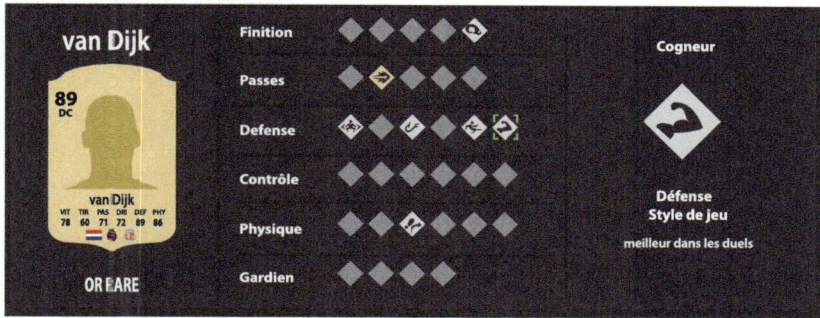

Le point important de cette amélioration, c'est qu'elle vous permettra de « façonner » les joueurs comme bon vous semble pour les adapter à votre style de jeu. Il est donc primordial, lors de la création de votre équipe, de regarder quels joueurs possèdent quels PlayStyles. Cela vous permettra de tirer le meilleur parti de votre équipe et donc que celle-ci corresponde à vos besoins et vos envies.

Quelle est la différence entre un PlayStyles et un PlayStyles+ ? Prenons l'exemple du tir en finesse. Sans le PlayStyles, le tir en finesse sera normal. Avec le PlayStyles, le joueur aura tendance à tirer plus vite, avec plus d'effet et une précision plus importante. Et avec le PlayStyles+, encore plus d'effet, plus de rapidité et plus de précision.

Si vous souhaitez obtenir de plus amples informations sur les différents PlayStyles, vous pouvez les retrouver en scannant le QR code ci-dessous.

Canevas des fiches techniques

Historique

Explique l'histoire, le passé du dispositif tactique.

Résumé

Résume les forces et faiblesses du dispositif tactique.

Avantages & inconvénients

Les avantages et inconvénients du dispositif tactique.

Formation pour contrer ce dispositif

Donne des exemples de dispositifs tactiques efficaces contre celui-ci.

Tableau des rendements

Tableau indiquant les rendements préférentiels pour les différentes positions sur le terrain avec ce dispositif tactique.

3-1-4-2

Historique

Plusieurs coachs ont largement utilisé ce dispositif, mais nous l'avons principalement observé chez la Lazio de 2016 à 2021 sous la direction de Simone Inzaghi. Celui-ci réussit à obtenir d'excellents résultats avec, ce qui lui valut de prendre la place sur le banc de l'Inter pour la saison 21-22. Pendant la saison 20-21, sous Antonio Conte, l'Inter utilisa le même système de jeu et remporta le titre de Champion d'Italie. Antonio Conte avait mis en place un 3-1-4-2 avec Lukaku et Lautaro Martinez en attaque, ainsi qu'un milieu à trois composé de Barella, Brozovic et d'un troisième milieu non fixe. Brozovic jouait au milieu défensif, à la pointe basse du triangle de l'entrejeu, pour récupérer des ballons et distribuer vers ses coéquipiers.

Résumé

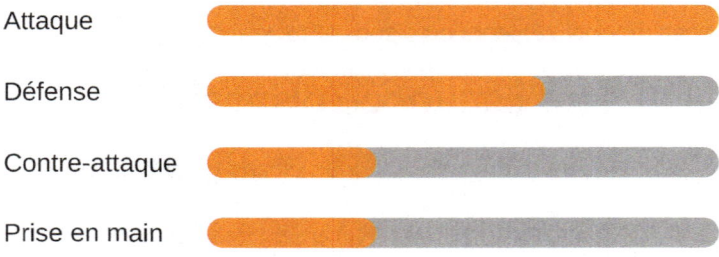

Avantages

- Très offensif
- Beaucoup de joueurs au milieu

Inconvénients

- Les milieux latéraux doivent avoir des *work rates* appropriés.
- Il est difficile à jouer contre les équipes avec des ailiers rapides.

Formations pour contrer ce dispositif

- 4-3-3 (4)
- 4-1-3-2
- 4-5-1

Position	Rendement ATT/DEF	Stats importantes
DC droit	Faible / Élevé	Vitesse et défense
DC centre	Moyen / Élevé	Défense et physique
DC gauche	Faible / Élevé	Vitesse et défense
MDC	Moyen / Élevé	Passe et défense
MC droit	Élevé / Moyen	Passe et défense
MC gauche	Élevé / Élevé	Défense et physique
MD	Élevé / Moyen	Vitesse et dribble
MG	Élevé / Moyen	Vitesse et dribble
BU droit	Élevé / Moyen	Physique et tir
BU gauche	Moyen / Faible	Tir et vitesse

3-4-1-2

Historique

Gian Piero Gasperini utilisait fréquemment le 3-4-1-2 pour l'Atalanta. Lorsqu'il avait Papu Gomez dans son équipe avant son départ pour Séville, il était fréquemment en 10 derrière les deux attaquants, voire même plus haut avec Ruslan Malinovskyi en 10. En jouant très haut sur le terrain et en ayant toujours trois hommes pour combiner en phase offensive en plus des latéraux qui venaient apporter leur soutien, il pouvait mettre une forte pression sur l'adversaire. Il convient de souligner que les latéraux sont cruciaux dans ce système. En effet, en plus de fournir du soutien offensivement, ils doivent également accomplir des tâches défensives.

Résumé

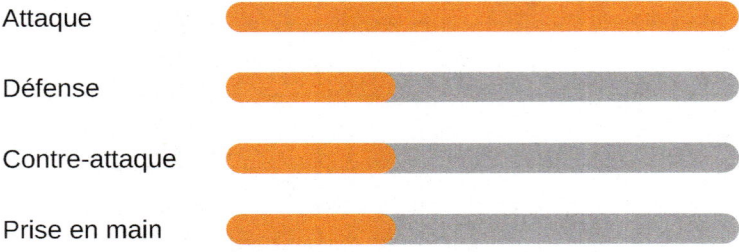

Avantages

- Création de beaucoup d'occasions
- Parfait pour les championnats avec de très bons milieux de terrain
- Parfait pour les championnats sans très bons défenseurs latéraux

Inconvénients

- Forte probabilité de subir des contre-attaques
- Pas de milieu défensif

Formations pour contrer ce dispositif

- 4-2-3-1
- 4-3-3 (3)
- 4-1-2-1-2

Position	Rendement ATT/DEF	Stats importantes
DC droit	Faible / Élevé	Vitesse et défense
DC centre	Moyen / Élevé	Défense et physique
DC gauche	Faible / Élevé	Vitesse et défense
MC croit	Moyen / Élevé	Passe et défense
MC gauche	Élevé / Élevé	Défense et physique
MD	Élevé / Moyen	Vitesse et dribble
MG	Élevé / Moyen	Vitesse et dribble
MCC	Élevé / Élevé	Passe et tir
BU croit	Élevé / Moyen	Vitesse et tir
BU gauche	Moyen / Faible	Tir et physique

3-4-2-1

Historique

Antonio Conte a fréquemment utilisé ce dispositif lors de son passage à Chelsea. Il s'agit d'une formation semblable au 3-4-3, mais à cette époque, Conte utilisait Eden Hazard - Diego Costa - Pedro en attaque. Pour être décisifs, ils rentraient souvent dans l'axe du jeu, comme dans un 3-4-2-1 avec les deux joueurs autour du buteur plus proches de l'axe. Cela permet de venir conclure les actions et de ne pas être trop excentré dans les ailes.

Ainsi, la ligne d'attaque se concentre davantage sur la création d'actions plutôt que sur des centres pour chercher le buteur de la tête.

Résumé

Avantages

- Création de beaucoup d'occasions
- Parfait pour les championnats avec de très bons milieux de terrain
- Parfait pour les championnats sans très bons défenseurs latéraux

Inconvénients

- Forte probabilité de subir des contre-attaques
- Pas de milieu défensif

Formations pour contrer ce dispositif

- 4-3-3 (3)
- 4-2-2-2
- 4-5-1

Position	Rendement ATT/DEF	Stats importantes
DC droit	Faible / Élevé	Vitesse et défense
DC centre	Moyen / Élevé	Défense et physique
DC gauche	Faible / Élevé	Vitesse et défense
MC droit	Élevé / Élevé	Passe et défense
MC gauche	Moyen / Élevé	Défense et physique
MD	Élevé / Moyen	Vitesse et dribble
MG	Élevé / Moyen	Vitesse et dribble
AC	Élevé / Moyen	Vitesse et tir
AC	Élevé / Moyen	Vitesse et tir
BU	Élevé / Faible	Tir et passe

3-4-3

Historique

Johan Cruyff est souvent associé au 3-4-3, qu'il a popularisé, mais il jouait un 3-4-3 un peu différent de celui sur FC 24. En effet, il utilisait un losange vraiment très axial au lieu d'avoir une ligne de quatre au milieu. Lucien Favre a préféré utiliser le 3-4-3 comme sur FC 24 lors de son arrivée à Dortmund. Il commença la saison avec un 4-2-3-1 mais, faute de résultat, il changea pour un 3-4-3 avec des milieux latéraux très offensifs comme Guerreiro et Hakimi, mais toujours capable de défendre. Ce système permet de jouer sur toute la largeur du terrain, élargissant ainsi le bloc de l'équipe adverse au maximum.

Résumé

Avantages

- Création de beaucoup d'occasions
- Parfait pour les championnats avec de très bons milieux de terrain
- Très efficace en contre-attaque

Inconvénients

- Forte probabilité de subir des contre-attaques
- Pas de milieu défensif

Formations pour contrer ce dispositif

- 5-3-2
- 5-2-2-1
- 4-2-2-2

Position	Rendement ATT/DEF	Stats importantes
DC droit	Faible / Élevé	Vitesse et défense
DC centre	Moyen / Élevé	Défense et physique
DC gauche	Faible / Élevé	Vitesse et défense
MC droit	Élevé / Élevé	Passe et défense
MC gauche	Moyen / Élevé	Défense et physique
MD	Élevé / Moyen	Vitesse et dribble
MG	Élevé / Moyen	Vitesse et dribble
AD	Élevé / Moyen	Vitesse et passe
AG	Élevé / Moyen	Vitesse et passe
BU	Moyen / Faible	Tir et physique

3-5-2

Historique

Antonio Conte a principalement adopté le 3-5-2 lors de son arrivée à la Juventus en utilisant un trio défensif extrêmement complémentaire composé de Bonucci, Chiellini et Barzagli. Ce dispositif était destiné à améliorer les conditions de jeu de son maestro, Andrea Pirlo. Il jouait fréquemment à un des deux postes de milieu défensif en compagnie de Vidal ou Marchisio. Ils jouaient parfois avec Pirlo en retrait par rapport aux deux autres milieux, mais la plupart du temps, le système consistait en deux milieux défensifs et un troisième homme plus haut.

Résumé

Avantages

- Formation très équilibrée malgré la défense à 3
- Dispositif permettant un jeu assez créatif et pas un simple *kick and run* à 'anglaise

Inconvénients

- Fortement exposé aux contre-attaques
- Très dépendant du MOC pour distribuer le jeu

Formations pour contrer ce dispositif

- 4-3-1-2
- 4-3-3 (4)
- 4-3-2-1

Position	Rendement ATT/DEF	Stats importantes
DC droit	Moyen / Élevé	Vitesse et défense
DC centre	Moyen / Élevé	Défense et physique
DC gauche	Moyen / Élevé	Vitesse et défense
MDC droit	Élevé / Élevé	Passe et défense
MDC gauche	Moyen / Élevé	Défense et physique
MD	Élevé / Moyen	Vitesse et dribble
MG	Élevé / Moyen	Vitesse et dribble
MCC	Moyen / Moyen	Passe et vista
BU croit	Élevé / Moyen	Physique et tir
BU gauche	Moyen / Faible	Tir et vitesse

4-1-2-1-2

Historique

Le 4-1-2-1-2 est un dispositif qui est vraiment rarement utilisé dans le football contemporain. En effet, au cours de mes recherches, je n'ai pas découvert d'équipe utilisant ce dispositif. Zinédine Zidane, José Mourinho et Carlo Ancelotti ont souvent utilisé cette variante du 4-4-2 en losange (ou 4-1-2-1-2 (2) sur FC 24). Le 4-1-2-1-2 ne peut pas être utilisé sur un terrain de football en raison de son important espace dans l'axe du jeu. Effectivement, avec à cette méthode, un seul individu est confronté à deux ou trois adversaires lors de la bataille de l'entrejeu. La seule option consiste à ramener les milieux latéraux dans l'axe ou à faire redescendre le milieu offensif.

Résumé

Avantages

- Extrêmement équilibré, surtout avec le MDC et le MOC
- Assez offensif lors de la montée des milieux latéraux

Inconvénients

- Vulnérabilité face aux milieux plus fournis
- La responsabilité de vos occasions créées réside principalement dans la qualité de votre MOC.

Formations pour contrer ce dispositif

- 4-5-1
- 4-4-2
- 4-4-1-1

Position	Rendement ATT/DEF	Stats importantes
DD	Élevé / Élevé	Vitesse et défense
DC droit	Faible / Élevé	Défense et physique
DC gauche	Moyen / Élevé	Vitesse et défense
DG	Élevé / Élevé	Vitesse et défense
MDC	Moyen / Élevé	Passe et défense
MD	Élevé / Moyen	Vitesse et dribble
MOC	Élevé / Moyen	Passe et contrôle
MG	Élevé / Moyen	Vitesse et dribble
BU droit	Élevé / Moyen	Physique et tir
BU gauche	Moyen / Faible	Tir et vitesse

4-1-2-1-2 (2)

Historique

Zidane, Mourinho et Carlo Ancelotti ont utilisé le 4-1-2-1-2 (2), également connu sous le nom de 442 en losange/diamant. Lors du passage à Milan de Carlo Ancelotti, Pirlo était la pointe basse du losange et il avait deux milieux à ses côtés qui pouvaient défendre et remonter le ballon. L'un était clairement plus offensif que l'autre: Gattuso était responsable de la défense tandis que Seedorf était responsable de l'attaque. Le numéro 10 est véritablement la quatrième pointe du losange. Rui Costa occupait alors ce poste.

Résumé

Avantages

- Assez compact, oblige l'adversaire à jouer sur les ailes
- Parfait pour le jeu en possession de balle
- Parfait pour les équipes / championnats qui possèdent de très bons milieux

Inconvénients

- Vulnérabilité contre les 4-3-3 car ceux-ci pourront profiter des espaces laissés sur les flancs

Formations pour contrer ce dispositif

- 5-3-2
- 3-4-3
- 4-5-1

Position	Rendement ATT/DEF	Stats importantes
DD	Élevé / Élevé	Vitesse et défense
DC droit	Faible / Élevé	Défense et physique
DC gauche	Moyen / Élevé	Vitesse et défense
DG	Élevé / Élevé	Vitesse et défense
MDC	Moyen / Élevé	Passe et défense
MC droit	Élevé / Élevé	Passe et dribble
MOC	Élevé / Moyen	Passe et dribble
MC gauche	Élevé / Élevé	Passe et dribble
BU droit	Élevé / Moyen	Tir et vitesse
BU gauche	Moyen / Faible	Tir et vitesse

4-1-3-2

Historique

C'est une alternative au 4-4-2 en losange, également appelé 4-1-2-1-2 (2), qui est assez similaire sauf que le milieu offensif est positionné un peu plus bas, en tant que milieu central pour être précis. Ce dispositif n'a pas vraiment d'histoire. Il s'agit plutôt d'un dispositif conçu pour FC 24 qu'un dispositif utilisé par un coach pendant 90 minutes. Il permet d'avoir deux hommes dans l'entrejeu et d'être moins en délicatesse défensive car avec un MC au lieu d'un MOC, le MDC (milieu défensif) se retrouve moins seul.

Résumé

Attaque

Défense

Contre-attaque

Prise en main

Avantages

- Formation très équilibrée
- Distance intéressante entre les joueurs pour jouer en passe

Inconvénients

- Distance très importante entre le MC et les BU
- *Work rates* des milieux latéraux très importants

Formations pour contrer ce dispositif

- 4-5-1
- 4-3-3
- 4-3-3 (2)
- 4-4-2

Position	Rendement ATT/DEF	Stats importantes
DD	Élevé / Élevé	Vitesse et défense
DC droit	Faible / Élevé	Défense et physique
DC gauche	Moyen / Élevé	Vitesse et défense
DG	Élevé / Élevé	Vitesse et défense
MDC	Moyen / Élevé	Physique et défense
MD	Élevé / Moyen	Vitesse et dribble
MC	Élevé / Élevé	Passe et dribble
MG	Élevé / Moyen	Vitesse et dribble
BU droit	Élevé / Moyen	Tir et vitesse
BU gauche	Moyen / Faible	Tir et passe

4-1-4-1

Historique

Pep Guardiola a employé le 4-1-4-1 au Bayern et à Manchester City lors de la saison 19-20. Il plaçait Rodri en tant que MDC juste devant la défense, tandis que Kevin De Bruyne et David Silva étaient utilisés en tant que milieux centraux. Cette formation facilite la relance de derrière et la circulation du ballon. Les milieux latéraux écartent leurs positions au maximum afin de pouvoir repiquer et jouer avec les deux milieux centraux dans l'axe. Lorsque les milieux latéraux repiquent dans l'axe, il reste de l'espace dans les couloirs pour les milieux latéraux qui peuvent venir faire le surnombre.

Résumé

Attaque

Défense

Contre-attaque

Prise en main

Avantages

- La présence du milieu défensif permet d'être assez solide défensivement et, en principe, vous ne serez pas très vulnérable sur les contre-attaques adverses.

Inconvénients

- Votre buteur (BU) peut vite devenir assez isolé et vous manquerez donc de solutions.

Formations pour contrer ce dispositif

- 4-2-3-1
- 4-5-1
- 3-4-3

Position	Rendement ATT/DEF	Stats importantes
DD	Élevé / Élevé	Vitesse et défense
DC droit	Faible / Élevé	Défense et physique
DC gauche	Moyen / Élevé	Vitesse et défense
DG	Élevé / Élevé	Vitesse et défense
MDC	Moyen / Élevé	Physique et défense
MC droit	Élevé / Élevé	Passe et dribble
MC gauche	Élevé / Élevé	Passe et défense
MD	Élevé / Moyen	Vitesse et dribble
MG	Élevé / Moyen	Vitesse et dribble
BU	Élevé / Faible	Tir et vitesse

4-2-1-3

Historique

Ce système est un nouveau modèle de FC 24, et il est très similaire au 4-3-3 (4) que vous pouvez trouver à la page 62. Il s'agit d'un 4-3-3 avec un numéro 10 pour orienter le jeu et encourager son équipe à jouer. La distinction réside dans les deux autres joueurs de milieu de terrain. Au lieu d'être des milieux centraux, ils jouent en tant que milieux défensifs.

Cette formation offre une meilleure stabilité défensive, mais l'équipe est plus divisée entre attaque et défense que dans d'autres systèmes.

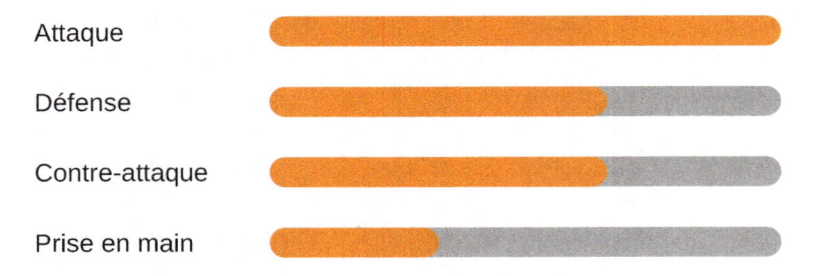

Résumé

Attaque

Défense

Contre-attaque

Prise en main

Avantages

- La solidté du 4-3-3 défensif et la puissance offensive du 4-3-3 offensif.

Inconvénients

- L'équipe peut parfois donner l'impression d'être coupée en deux sans mileu central, et composée de juste des milieux défensifs et un milieu offensif.

Formations pour contrer ce dispositif

- 4-2-3-1
- 5-3-2
- 3-4-3

Position	Rendement ATT/DEF	Stats importantes
DD	Élevé / Élevé	Vitesse et défense
DC droit	Faible / Élevé	Défense et physique
DC gauche	Moyen / Élevé	Vitesse et défense
DG	Élevé / Élevé	Vitesse et défense
MDC droit	Moyen / Élevé	Physique et défense
MDC gauche	Élevé / Élevé	Passe et physique
MOC	Élevé / Moyen	Passe et dribble
AD	Élevé / Moyen	Vitesse et dribble
AG	Élevé / Moyen	Vitesse et dribble
BU	Élevé / Faible	Tir et vitesse

4-2-2-2

Historique

Bien que le 4-2-2-2 soit un système peu courant, le RB Leipzig l'a employé lors de la saison 16-17. À l'époque, Ralph Hasenhüttl était l'entraîneur. Naby Keita, Timo Werner et Emil Forsberg ont été mis en avant grâce à cette saison et à ce dispositif. Un seul des deux milieux défensifs remplissait réellement cette fonction, tandis que le deuxième avait plus de liberté pour laisser ses coéquipiers jouer devant lui. Les deux milieux offensifs mettent la pression sur les défenseurs latéraux et peuvent venir décrocher pour s'infiltrer la balle au pied depuis la deuxième ligne. Le RB Leipzig a réussi à se faire connaître grâce à ce système, qui l'a amené à occuper la première place en Bundesliga pendant une grande partie de la saison et à se qualifier pour la Ligue des Champions.

Résumé

Attaque

Défense

Contre-attaque

Prise en main

Avantages

- Peu de chance de se faire prendre en contre-attaque
- Parfait pour les équipes hybrides

Inconvénients

- Formation très étroite avec vos 2 MOC
- Les 2 MOC n'ont pas forcément les attributs pour jouer comme ailiers alors qu'ils se retrouveront souvent dans cette position.

Formations pour contrer ce dispositif

- 4-2-3-1
- 3-4-1-2
- 3-4-2-1

Position	Rendement ATT/DEF	Stats importantes
DD	Élevé / Élevé	Vitesse et défense
DC droit	Faible / Élevé	Défense et physique
DC gauche	Moyen / Élevé	Vitesse et défense
DG	Élevé / Élevé	Vitesse et défense
MDC droit	Moyen / Élevé	Physique et défense
MDC gauche	Élevé / Élevé	Défense et passe
MOC droit	Élevé / Moyen	Passe et dribble
MOC gauche	Élevé / Moyen	Vitesse et passe
BU droit	Élevé / Moyen	Vitesse et tir
BU gauche	Moyen / Faible	Tir et passe

4-2-3-1

Historique

José Mourinho a souvent utilisé ce dispositif, que ce soit à l'Inter, au Real Madrid ou au Chelsea. Au Real Madrid, il mettait Sami Khedira et Xabi Alonso en tant que milieux défensifs, tandis que Cristiano Ronaldo, Mesut Ozïl et Angel Di Maria jouaient devant eux. Et Karim Benzema en numéro neuf, bien sûr. Il y aura toujours un joueur récupérateur dans la paire des milieux défensifs, comme Khedira, et un joueur qui aura plus tendance à relancer (Xabi Alonso). Pour mettre dans les meilleures conditions les trois autres joueurs offensifs, ce dispositif a également besoin d'un excellent numéro 10 (à l'époque Mesut Ozil).

Résumé

Attaque

Défense

Contre-attaque

Prise en main

Avantages

- Pas mal d'options offensives en possession de balle avec vos trois milieux offensifs
- Deux milieux défensifs qui stabiliseront un maximum votre défense

Inconvénients

- Le manque de largeur de cette composition
- Peut-être trop d'encombrement dans l'axe

Formations pour contrer ce dispositif

- 4-1-2-1-2
- 4-1-2-1-2 (2)
- 4-3-2-1

Position	Rendement ATT/DEF	Stats importantes
DD	Élevé / Élevé	Vitesse et défense
DC droit	Faible / Élevé	Défense et physique
DC gauche	Moyen / Élevé	Vitesse et défense
DG	Élevé / Élevé	Vitesse et défense
MDC droit	Moyen / Élevé	Physique et défense
MDC gauche	Élevé / Moyen	Défense et passe
MOC droit	Élevé / Moyen	Vitesse et dribble
MOC gauche	Élevé / Moyen	Vitesse et dribble
MOC centre	Élevé / Moyen	Passe et tir
BU	Élevé / Faible	Tir et vitesse

4-2-3-1 (2)

Historique

Le 4-2-3-1 (2) a été utilisé également par José Mourinho, tout comme le 4-2-3-1 "classique", mais les deux joueurs offensifs sont positionnés sur les côtés. En tant que milieux gauche et droit, ils sont positionnés plus bas sur le terrain. Selon moi, c'est le même système que le 4-2-3-1, sauf que celui-ci montre comment les joueurs se positionnent lorsque l'équipe n'a pas le ballon. En effet, lorsque l'équipe perd une balle, le bloc équipe descend un peu pour ne pas laisser l'adversaire avoir de la place sur le terrain.

Résumé

Attaque

Défense

Contre-attaque

Prise en main

Avantages

- Formation occupant l'entièreté de la largeur du terrain
- Défense très solide
- Le MOC constitue un excellent point d'appui pour distribuer le jeu.

Inconvénients

- Votre attaquant risque d'être isolé.
- Assez délicat contre les équipes composées de trois milieux centraux

Formations pour contrer ce dispositif

- 4-4-2
- 4-5-1
- 5-2-1-2

Position	Rendement ATT/DEF	Stats importantes
DD	Élevé / Élevé	Vitesse et défense
DC droit	Faible / Élevé	Défense et physique
DC gauche	Moyen / Élevé	Vitesse et défense
DG	Élevé / Élevé	Vitesse et défense
MDC droit	Moyen / Élevé	Physique et défense
MDC gauche	Élevé / Élevé	Défense et passe
MOC	Élevé / Moyen	Passe et dribble
MD	Élevé / Moyen	Vitesse et dribble
MG	Élevé / Moyen	Vitesse et dribble
BU	Élevé / Faible	Tir et physique

4-2-4

Historique

Il est possible que le nom de Gusztav Sebes ne vous soit pas familier, mais c'est lui qui a révélé le 4-2-4, notamment avec la Hongrie dans les années 1950 ! Entre 1950 et 1956, l'équipe hongroise accomplit un exploit remarquable en remportant 42 victoires, 7 matchs nuls et une seule défaite. Puskas était la star de ce système à l'époque, mais la force de l'équipe était surtout son unité. Si votre équipe reste soudée et que vos attaquants viennent aider la défense en cas de perte de balle, ce dispositif fonctionnera. Si vous souhaitez éviter un nombre excessif de buts encaissés, il faudra que vos attaquants se concentrent sur votre défense en perte de balle car elle est très découverte.

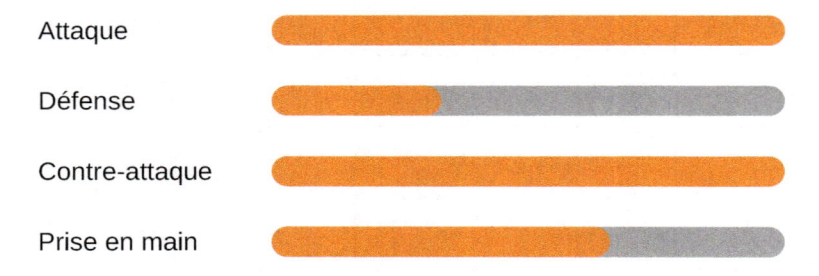

Résumé

Attaque
Défense
Contre-attaque
Prise en main

Avantages

- Très offensif, idéal pour revenir au score
- Possibilité de jouer sur les ailes ou dans l'axe facilement

Inconvénients

- Pas équilibré
- Les milieux centraux sont isolés.
- Défense assez fragile

Formations pour contrer ce dispositif

- 4-2-3-1
- 4-3-3
- 5-3-2

Position	Rendement ATT/DEF	Stats importantes
DD	Élevé / Élevé	Vitesse et défense
DC droit	Faible / Élevé	Défense et physique
DC gauche	Moyen / Élevé	Vitesse et défense
DG	Élevé / Élevé	Vitesse et défense
MC droit	Moyen / Élevé	Physique et défense
MC gauche	Élevé / Élevé	Physique et passe
AD	Élevé / Moyen	Passe et Vitesse
AG	Élevé / Moyen	Passe et Vitesse
BU droit	Élevé / Moyen	Tir et physique
BU gauche	Élevé / Faible	Tir et vitesse

4-3-1-2

Historique

Un coach n'utilise que très rarement le 4-3-1-2 sur le long terme. Cependant, je pense que Claudio Ranieri l'a utilisé un peu plus que les autres coachs, en particulier pendant son temps à Monaco. À cette époque, Yannick Carrasco était blessé et James Rodriguez n'était pas à l'aise sur un côté. Il l'a placé en numéro 10 derrière Martial et Rivière. Le 4-3-1-2 peut être très efficace, mais ce dispositif dépend malheureusement trop de son milieu offensif. En effet, c'est ce dernier qui pourra faire la différence dans le match. Mais les entraîneurs craignent souvent d'être trop dépendants d'un homme.

Résumé

Attaque

Défense

Contre-attaque

Prise en main

Avantages

- Les trois milieux centraux vous aident en possession de balle.
- Avoir 1 MOC et 2 BU permet de libérer plus d'espace pour vos attaquants

Inconvénients

- Peu de variété dans le jeu de cette formation, qui sera concentrée dans l'axe du jeu

Formations pour contrer ce dispositif

- 4-2-3-1
- 4-2-3-1 (2)
- 4-3-2-1

Position	Rendement ATT/DEF	Stats importantes
DD	Élevé / Élevé	Vitesse et défense
DC droit	Faible / Élevé	Défense et physique
DC gauche	Moyen / Élevé	Vitesse et défense
DG	Élevé / Élevé	Vitesse et défense
MC droit	Élevé / Élevé	Passe et défense
MC centre	Moyen / Élevé	Physique et défense
MC gauche	Élevé / Élevé	Défense et vitesse
MOC	Élevé / Moyen	Passe et dribble
BU droit	Élevé / Faible	Tir et vitesse
BU gauche	Élevé / Moyen	Tir et vitesse

4-3-2-1

Historique

Le 4-3-2-1, également appelé "sapin de Noël" par Carlo Ancelotti, est un autre système que ce dernier a aimé utiliser au Milan AC (comme le 4-1-2-1-2 (2)). Bien que sur papier les trois milieux centraux soient sur la même ligne, le milieu au centre joue un cran plus bas. Ce milieu, également connu sous le nom de "regista", joue bas sur le terrain afin de pouvoir faire jouer son équipe sans être ennuyé par les milieux défensifs adverses. Les deux autres milieux joueront un rôle complémentaire : l'un sera chargé de faire le travail défensif (comme Gattuso l'a souvent fait) et l'autre (Seedorf) sera chargé d'aider défensivement et de fournir son soutien en attaque. Trois joueurs sont présents en attaque. L'un d'entre eux est un véritable buteur, tandis que deux autres joueurs ont des caractéristiques qui se situent entre le milieu offensif et le buteur.

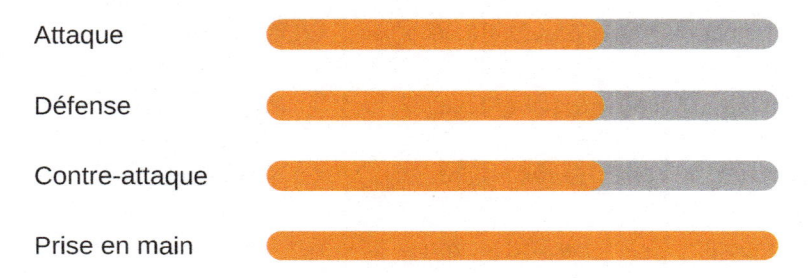

Résumé

Attaque

Défense

Contre-attaque

Prise en main

Avantages

- Formation similaire à trois attaquants
- Trois vrais milieux centraux, ce qui équilibre l'équipe

Inconvénients

- Manque de largeur
- Très peu modulable

Formations pour contrer ce dispositif

- 4-2-3-1
- 4-3-1-2
- 4-1-2-1-2
- 5-2-1-2

Position	Rendement ATT/DEF	Stats importantes
DD	Élevé / Élevé	Vitesse et défense
DC droit	Faible / Élevé	Défense et physique
DC gauche	Moyen / Élevé	Vitesse et défense
DG	Élevé / Élevé	Vitesse et défense
MC droit	Élevé / Élevé	Vitesse et défense
MC centre	Moyen / Élevé	Défense et physique
MC gauche	Élevé / Moyen	Vitesse et dribble
AC	Élevé / Faible	Passe et dribble
AC	Élevé / Faible	Passe et dribble
BU	Élevé / Faible	Tir et vitesse

4-3-3

Historique

Bien qu'il existe de nombreuses variantes du 4-3-3. C'est un milieu à trois presque à plat que l'Italie a utilisé lors de l'Euro 2020. Les trois joueurs, Verratti, Jorginho et Barella, ont la capacité de récupérer et de faire jouer en montant plus haut sur le terrain. Les deux autres couvraient derrière en fonction de celui qui montait. L'Italie a remporté l'Euro 2020 grâce à son système en marquant treize buts et en encaissant seulement quatre lors des sept matchs du tournoi.

Résumé

Attaque
Défense
Contre-attaque
Prise en main

Avantages

- Idéal pour jouer sur les ailes
- Assez équilibré malgré le fait que cette formation tende tout de même vers un jeu offensif

Inconvénients

- Dépendant de l'activité de vos ailiers

Formations pour contrer ce dispositif

- 4-5-1
- 4-4-1-1
- 4-1-4-1
- 4-2-3-1

Position	Rendement ATT/DEF	Stats importantes
DD	Élevé / Élevé	Vitesse et défense
DC droit	Faible / Élevé	Défense et physique
DC gauche	Moyen / Élevé	Vitesse et défense
DG	Élevé / Élevé	Vitesse et défense
MC droit	Élevé / Moyen	Vitesse et dribble
MC centre	Moyen / Élevé	Défense et passe
MC gauche	Élevé / Moyen	Vitesse et dribble
AD	Élevé / Faible	Vitesse et passe
AG	Élevé / Faible	Vitesse et passe
BU	Élevé / Faible	Tir et physique

4-3-3 (2)

Historique

Pep Guardiola utilisa le 4-3-3 (2) ou 4-3-3 pointe basse pendant son temps à Barcelone. Cette formation construisit sa réputation d'entraîneur. En étant devant la défense, Sergio Busquets permettait à Xavi et Andres Iniesta de jouer au milieu en sachant que derrière eux, il récupérait le plus de ballons possible et pouvait faire jouer ses coéquipiers. Ce dispositif permet le jeu en triangle partout sur le terrain, comme on le voit sur le schéma ci-dessus. Dès lors, il y aura toujours un homme libre pour continuer à faire tourner le ballon jusqu'à trouver une faille.

Résumé

Attaque

Défense

Contre-attaque

Prise en main

Avantages

- La présence d'un MDC
- Un jeu en triangle possible partout sur le terrain

Inconvénients

- Permet moins la création du jeu en passes longues
- Un seul vrai attaquant

Formations pour contrer ce dispositif

- 4-1-4-1
- 4-4-2
- 5-3-2

Position	Rendement ATT/DEF	Stats importantes
DD	Élevé / Élevé	Vitesse et défense
DC droit	Faible / Élevé	Défense et physique
DC gauche	Moyen / Élevé	Vitesse et défense
DG	Élevé / Élevé	Vitesse et défense
MDC	Moyen / Élevé	Physique et défense
MC droit	Élevé / Élevé	Défense et passe
MC gauche	Élevé / Moyen	Vitesse et passe
AD	Élevé / Moyen	Vitesse et passe
AG	Élevé / Moyen	Vitesse et passe
BU	Élevé / Faible	Tir et physique

4-3-3 (3)

Historique

Ce dispositif était utilisé par les champions du monde de 2010. Effectivement, l'Espagne, avec Xabi Alonso et Sergio Busquets en milieux défensifs, remporta le titre de Champion du Monde. En tant que milieu de terrain, Xavi occupait le dernier poste de l'entrejeu. Il convient de se souvenir que pendant sa gestion de la sélection espagnole, Vicente Del Bosque eut la possibilité d'utiliser divers dispositifs et, de 2008 à 2012, il domina la planète football. David Villa, Pedro et Iniesta étaient de retour en attaque. Toutefois, il est parfois difficile d'approcher les trois joueurs offensifs car ils sont éloignés de l'entrejeu.

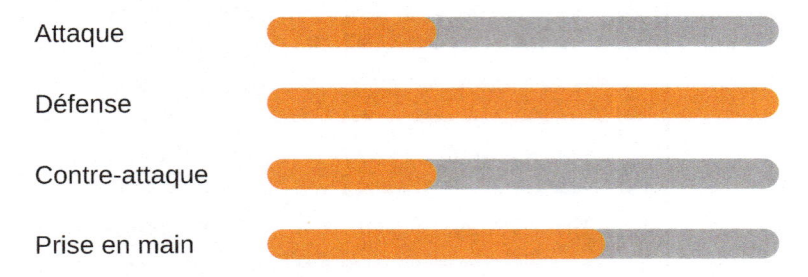

Résumé

Attaque

Défense

Contre-attaque

Prise en main

Avantages

- Très très solide défensivement
- Pas mal pour un jeu consacré à la possession de balle

Inconvénients

- Votre milieu central peut se trouver de temps en temps isolé et donc devenir très vite inutile.
- Une grande distance sépare vos ailiers et vos milieux.

Formations pour contrer ce dispositif

- 4-2-2-2
- 4-3-3 (4)
- 4-3-1-2

Position	Rendement ATT/DEF	Stats importantes
DD	Élevé / Élevé	Vitesse et défense
DC droit	Faible / Élevé	Défense et physique
DC gauche	Moyen / Élevé	Vitesse et défense
DG	Élevé / Élevé	Vitesse et défense
MDC droit	Élevé / Élevé	Physique et défense
MC	Élevé / Moyen	Passe et dribble
MDC gauche	Moyen / Élevé	Passe et défense
AD	Élevé / Moyen	Vitesse et dribble
AG	Élevé / Moyen	Vitesse et dribble
BU	Élevé / Faible	Tir et physique

4-3-3 (4)

Historique

Pendant les années 90, Guy Roux employa le 4-3-3 (4), également connu sous le nom de 4-3-3 offensif, au sein de l'AJ Auxerre. Cela est évident pour tout le monde et, à cette époque, le 4-3-3 était joué avec un numéro 10 (un milieu offensif central) et deux milieux centraux derrière lui, tout l'inverse du 4-3-3 (2) et de sa pointe basse. Bien sûr, l'un des deux milieux centraux sera toujours plus défensif que l'autre. Cependant, l'objectif des milieux centraux étaient de permettre au milieu offensif de s'exprimer, car il est souvent responsable du jeu de son équipe.

Résumé

Attaque
Défense
Contre-attaque
Prise en main

Avantages

- Dispositif bien adapté pour les personnes voulant aller constamment de l'avant
- Le MOC permet d'être plus créatif en possession de balle.

Inconvénients

- Vous serez exposé aux contre-attaques.
- Absence d'un milieu défensif (MDC)

Formations pour contrer ce dispositif

- 4-2-3-1
- 4-4-2
- 4-1-4-1

Position	Rendement ATT/DEF	Stats importantes
DD	Élevé / Élevé	Vitesse et défense
DC droit	Faible / Élevé	Défense et physique
DC gauche	Moyen / Élevé	Vitesse et défense
DG	Élevé / Élevé	Vitesse et défense
MC droit	Élevé / Élevé	Passe et défense
MOC	Élevé / Moyen	Passe et dribble
MC gauche	Moyen / Élevé	Défense et physique
AD	Élevé / Moyen	Vitesse et passe
AG	Élevé / Moyen	Vitesse et passe
BU	Élevé / Moyen	Tir et physique

4-3-3 (5)

Historique

Entre 2008 et 2012, l'Espagne était une force inébranlable, mais pendant tout un temps, elle eut du mal à trouver un buteur régulier, en particulier lors de l'Euro 2012. Vicente Del Bosque trouva une solution : il a choisi de jouer avec un faux numéro 9 et mit Cesc Fabregas à ce poste. Il n'était pas là pour marquer de nombreux buts : mais pour apporter le surnombre dans l'entrejeu adverse et faire jouer ses coéquipiers. La mise en œuvre de cette stratégie permet de rendre le jeu plus fluide et de faire monter les défenseurs centraux de l'adversaire.

Résumé

Attaque

Défense

Contre-attaque

Prise en main

Avantages

- Le meilleur dispositif, ou l'un des meilleurs, concernant la possession de balle.

Inconvénients

- Pas de vrai buteur
- Jeu indirect: la patience lors de vos phases offensives sera très importante

Formations pour contrer ce dispositif

- 4-2-3-1
- 4-3-1-2
- 4-1-2-1-2

Position	Rendement ATT/DEF	Stats importantes
DD	Élevé / Élevé	Vitesse et défense
DC droit	Faible / Élevé	Défense et physique
DC gauche	Moyen / Élevé	Vitesse et défense
DG	Élevé / Élevé	Vitesse et défense
MC droit	Élevé / Moyen	Passe et vitesse
MDC	Moyen / Élevé	Défense et physique
MC gauche	Élevé / Élevé	Passe et Défense
AD	Élevé / Moyen	Vitesse et tir
AG	Élevé / Moyen	Vitesse et tir
AC	Élevé / Élevé	Passe et tir

4-4-1-1

Historique

Il est difficile d'identifier un exemple historique du 4-4-1-1. Mais après le départ de Cristiano Ronaldo du Real Madrid, Zinédine Zidane utilisa ce dispositif lors des matchs de présaison. Il ressemble fortement à un 4-4-2 typique. Au lieu d'avoir un véritable deuxième attaquant, un meneur de jeu positionné juste derrière le buteur peut à la fois marquer et faire marquer. Zidane employait principalement Hazard et Isco à ce poste, à proximité de Benzema en pointe de l'attaque.

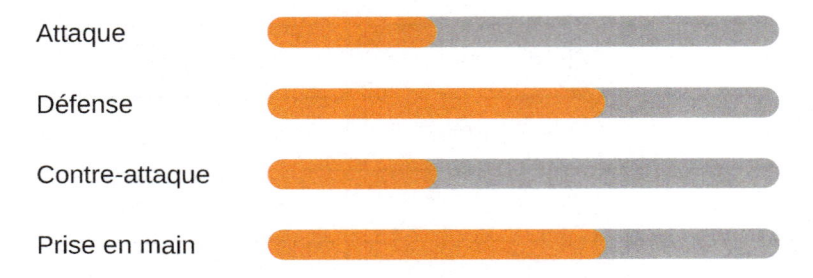

Résumé

Attaque

Défense

Contre-attaque

Prise en main

Avantages

- L'attaquant en soutien vous aidera grandement à créer un lien entre la défense et l'attaque, ce qui manque parfois dans un 4-4-2 classique.

Inconvénients

- Le désavantage de l'AC qui redescend est que votre BU se retrouvera parfois seul.

Formations pour contrer ce dispositif

- 4-5-1
- 4-2-3-1
- 3-5-2

Position	Rendement ATT/DEF	Stats importantes
DD	Élevé / Élevé	Vitesse et défense
DC droit	Faible / Élevé	Défense et physique
DC gauche	Moyen / Élevé	Vitesse et défense
DG	Élevé / Élevé	Vitesse et défense
MD	Élevé / Moyen	Vitesse et dribble
MC droit	Élevé / Élevé	Passe et défense
MC gauche	Moyen / Élevé	Physique et défense
MG	Élevé / Moyen	Vitesse et dribble
AC	Élevé / Moyen	Passe et tir
BU	Élevé / Faible	Tir et physique

4-4-1-1 (2)

Historique

Il n'y a pas de différence réelle entre le 4-4-1-1 et le 4-4-1-1 (2). La seule "différence" est que le deuxième attaquant est positionné un cran plus bas au poste de milieu offensif. Cependant, il continue d'avancer et sera donc aussi important, que ce soit avec une passe décisive ou un but. Il est donc possible de dire que Zidane l'a utilisé à la même époque que le 4-4-1-1, car Isco et Hazard ne sont pas vraiment des attaquants, mais plutôt des milieux offensifs.

Résumé

Attaque

Défense

Contre-attaque

Prise en main

Avantages

- Au top pour une team qui joue en passe
- Le MOC peut être la clé de créativité de l'équipe.

Inconvénients

- Le MOC doit être très offensif.
- Les milieux centraux doivent être un minimum défensifs.

Formations pour contrer ce dispositif

- 4-5-1
- 4-3-3
- 3-1-4-2
- 4-4-2

Position	Rendement ATT/DEF	Stats importantes
DD	Élevé / Élevé	Vitesse et défense
DC droit	Faible / Élevé	Défense et physique
DC gauche	Moyen / Élevé	Vitesse et défense
DG	Élevé / Élevé	Vitesse et défense
MD	Élevé / Moyen	Vitesse et dribble
MC croit	Élevé / Élevé	Passe et défense
MC gauche	Moyen / Élevé	Physique et défense
MG	Élevé / Moyen	Vitesse et dribble
MCC	Élevé / Moyen	Tir et dribble
BU	Élevé / Faible	Tir et physique

4-4-2

Historique

Avec Arrigo Sacchi à Milan en 1987, le 4-4-2 changea le football italien, alors que la culture du Catenaccio était largement présente en Italie. À ce moment-là, le 4-4-2 ressemble à un ovni. Cependant, il est satisfait des résultats : pendant cette période, son club domina l'Europe, avant de revenir en équipe nationale. Il considérait que l'intelligence de jeu était plus cruciale que le talent naturel. Il voulait que ses joueurs puissent faire face à n'importe quelle situation. Son système, le 4-4-2, était principalement composé de Rijkaard et Ancelotti en milieu de terrain et de Van Basten et Gullit en attaque. Le duo de l'entrejeu est là pour exercer une pression constante sur l'adversaire, afin qu'il ne puisse pas respirer et jouer au football. Le dispositif de base est désormais connu sous le nom de 4-4-2, mais avant cela, il n'était pas aussi connu.

Résumé

Attaque

Défense

Contre-attaque

Prise en main

Avantages

- Un bon dispositif pour les nouveaux joueurs
- Assez solide autant offensivement que défensivement

Inconvénients

- Aucun atout majeur pour ce dispositif
- Difficile de trouver l'équilibre au milieu

Formations pour contrer ce dispositif

- 4-3-1-2
- 4-2-3-1
- 3-5-2
- 3-4-3

Position	Rendement ATT/DEF	Stats importantes
DD	Élevé / Élevé	Vitesse et défense
DC droit	Faible / Élevé	Défense et physique
DC gauche	Moyen / Élevé	Vitesse et défense
DG	Élevé / Élevé	Vitesse et défense
MD	Élevé / Moyen	Vitesse et dribble
MC droit	Élevé / Élevé	Passe et défense
MC gauche	Moyen / Élevé	Physique et défense
MG	Élevé / Moyen	Vitesse et dribble
BU droit	Moyen / Faible	Physique et tir
BU gauche	Élevé / Moyen	Tir et vitesse

4-4-2 (2)

Historique

En ce qui concerne le 4-4-2 (2), il s'agit d'une variante légère du 4-4-2 de Sacchi, qui a été présenté juste avant. Ce dispositif n'a pas véritablement d'entraîneur ou de match de référence. Seuls les deux milieux centraux sont situés un peu plus bas sur le terrain. Cela augmente la stabilité défensive, mais c'est plus difficile pour eux de mettre la pression sur l'entrejeu adverse.

Résumé

Attaque

Défense

Contre-attaque

Prise en main

Avantages

- Formation parfaite pour ceux qui n'ont pas confiance en leur capacité à défendre
- Deux milieux défensifs, ce qui permet de réduire l'espace pour les attaquants adverses

Inconvénients

- Peu de solutions offensives, hormis les longs ballons

Formations pour contrer ce dispositif

- 3-5-2
- 5-3-2
- 4-2-3-1

Position	Rendement ATT/DEF	Stats importantes
DD	Élevé / Élevé	Vitesse et défense
DC droit	Faible / Élevé	Défense et physique
DC gauche	Moyen / Élevé	Vitesse et défense
DG	Élevé / Élevé	Vitesse et défense
MDC droit	Moyen / Élevé	Physique et défense
MDC gauche	Élevé / Élevé	Défense et passe
MD	Élevé / Moyen	Vitesse et passe
MG	Élevé / Moyen	Vitesse et passe
BU droit	Élevé / Moyen	Physique et tir
BU gauche	Élevé / Moyen	Tir et vitesse

4-5-1

Historique

Le 4-5-1 est un système un peu spécial car il n'est pas vraiment utilisé dans le football moderne. Il s'agit de deux milieux offensifs placés très hauts, voire un peu trop. Mais en phase offensive, cela ressemble à un 4-3-3 (2) où les deux milieux centraux montent pour apporter le surnombre et faire la différence.

Résumé

Attaque

Défense

Contre-attaque

Prise en main

Avantages

- Les deux MOC permettent d'apporter du danger plus facilement dans la surface adverse.

Inconvénients

- Le trou au milieu de terrain, en dehors du MC seul au centre
- Pas tcp pour ceux qui aiment jouer de longs ballons
- Parfois les MOC dézonent

Formations pour contrer ce dispositif

- 4-2-3-1
- 4-4-2
- 3-4-3

Position	Rendement ATT/DEF	Stats importantes
DD	Élevé / Élevé	Vitesse et défense
DC droit	Faible / Élevé	Défense et physique
DC gauche	Moyen / Élevé	Vitesse et défense
DG	Élevé / Élevé	Vitesse et défense
MD	Élevé / Moyen	Vitesse et dribble
MC	Moyen / Élevé	Passe et défense
MG	Élevé / Moyen	Vitesse et dribble
MOC droit	Élevé / Élevé	Passe et dribble
MOC gauche	Élevé / Élevé	Passe et tir
BU	Élevé / Faible	Tir et physique

4-5-1 (2)

Historique

Il s'agit d'une variante du 4-5-1, qui est également rarement employée pendant 90 minutes d'un match de football. En effet, ce dispositif est assez faible en termes d'attaque avec un seul buteur pour la partie offensive. Cependant, les trois milieux centraux ne sont pas aussi bas sur le terrain lors des matchs. Ce dispositif n'est donc pas très représentatif de la réalité sur le terrain.

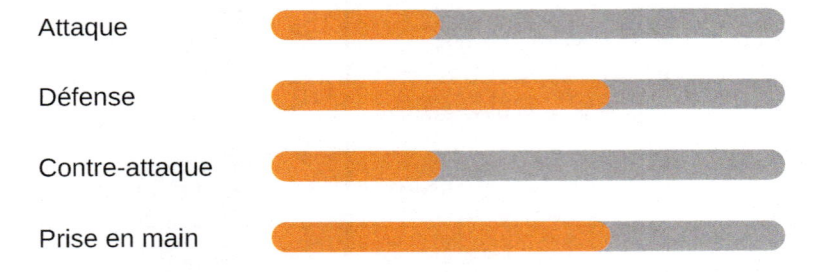

Résumé

Attaque

Défense

Contre-attaque

Prise en main

Avantages

- Très compact
- Permet le jeu en possession

Inconvénients

- L'attaquant se retrouve un peu seul et le résultat du match est un peu dépendant de son rendement.

Formations pour contrer ce dispositif

- 3-5-2
- 4-2-2-2
- 4-3-3 (3)

Position	Rendement ATT/DEF	Stats importantes
DD	Élevé / Élevé	Vitesse et défense
DC droit	Faible / Élevé	Défense et physique
DC gauche	Moyen / Élevé	Vitesse et défense
DG	Élevé / Élevé	Vitesse et défense
MC droit	Élevé / Élevé	Passe et défense
MC	Moyen / Élevé	Physique et défense
MC gauche	Élevé / Élevé	Passe et dribble
MG	Élevé / Moyen	Vitesse et dribble
MD	Élevé / Moyen	Vitesse et dribble
BU	Élevé / Faible	Tir et vitesse

5-2-1-2

Historique

Le 5-2-1-2 et le 3-4-1-2 ne font qu'un. En effet, le 3-4-1-2 dispose d'un milieu gauche et d'un milieu droit qui descendent d'un cran en phase défensive pour aider la défense, ce qui nous donne un 5-2-1-2. Gian Piero Gasperini utilisa fréquemment ce système de jeu au sein de l'Atalanta, comme je vous l'ai mentionné dans le paragraphe dédié au 3-4-1-2 de ce livre.

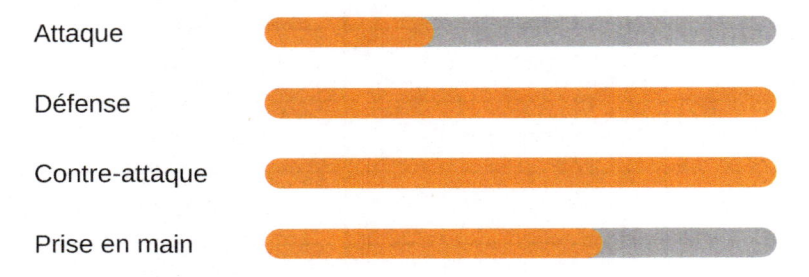

Résumé

Attaque

Défense

Contre-attaque

Prise en main

Avantages

- Permet un jeu sur les ailes
- Très robuste défensivement
- Très bon en contre-attaque

Inconvénients

- Faible offensivement
- Trop dépendant du milieu offensif

Formations pour contrer ce dispositif

- 4-4-2
- 5-3-2
- 4-3-3

Position	Rendement ATT/DEF	Stats importantes
DC droit	Moyen / Élevé	Vitesse et défense
DC centre	Faible / Élevé	Défense et physique
DC gauche	Moyen / Élevé	Vitesse et défense
DLD	Élevé / Élevé	Vitesse et défense
DLG	Élevé / Élevé	Vitesse et défense
MC droit	Moyen / Élevé	Physique et défense
MC gauche	Élevé / Élevé	Passe et défense
MOC	Élevé / Moyen	Passe et tir
BU droit	Moyen / Faible	Physique et tir
BU gauche	Élevé / Moyen	Tir et vitesse

5-2-2-1

Historique

Ce système est similaire au 3-4-2-1 du point de vue de la défense. Les milieux latéraux se replient pour devenir des défenseurs latéraux lorsque l'équipe n'a pas le ballon. Et ils avancent d'un cran en phase offensive pour devenir un 3-4-2-1. Par conséquent, le 5-2-2-1 et le 3-4-2-1 ne forment qu'un. Antonio Conte utilisa cette formation pendant son temps à Chelsea, mais tout cela est détaillé dans la section qui parle du 3-4-2-1.

Résumé

Attaque

Défense

Contre-attaque

Prise en main

Avantages

- Très fort en contre-attaque
- Très compact en défense

Inconvénients

- Distance entre la défense / milieu de terrain et l'attaque
- Solutions offensives peu variées

Formations pour contrer ce dispositif

- 4-4-1-1
- 4-2-3-1
- 4-1-4-1
- 3-5-2

Position	Rendement ATT/DEF	Stats importantes
DC droit	Moyen / Élevé	Vitesse et défense
DC centre	Faible / Élevé	Défense et physique
DC gauche	Moyen / Élevé	Vitesse et défense
DLD	Élevé / Élevé	Vitesse et défense
DLG	Élevé / Élevé	Vitesse et défense
MC droit	Moyen / Élevé	Physique et défense
MC gauche	Élevé / Élevé	Passe et défense
AD	Élevé / Moyen	Vitesse et dribble
AG	Élevé / Moyen	Vitesse et dribble
BU	Élevé / Faible	Tir et vitesse

5-2-3

Historique

Ce système est similaire au 5-2-2-1 que vous avez vu précédemment. La seule distinction réside dans la position du buteur. Il joue un cran plus bas dans le 5-2-3, pas aussi bas qu'un attaquant mais plutôt entre les deux. Il sera disponible pour atteindre son plein potentiel et atteindre la même hauteur que les ailiers gauche et droit. Antonio Conte utilisa ce système lors de son temps à Chelsea, mais tout cela est détaillé dans la section traitant du 3-4-2-1.

Résumé

Attaque

Défense

Contre-attaque

Prise en main

Avantages

- Très fort en contre-attaque
- Très compact en défense

Inconvénients

- Distance entre la défense et le milieu de terrain
- Solutions offensives peu variées

Formations pour contrer ce dispositif

- 4-4-1-1
- 4-2-3-1
- 4-1-4-1
- 3-5-2

Position	Rendement ATT/DEF	Stats importantes
DC droit	Moyen / Élevé	Vitesse et défense
DC centre	Faible / Élevé	Défense et physique
DC gauche	Moyen / Élevé	Vitesse et défense
DLD	Élevé / Élevé	Vitesse et dribble
DLG	Élevé / Élevé	Vitesse et dribble
MC droit	Moyen / Élevé	Physique et défense
MC gauche	Élevé / Élevé	Passe et défense
AD	Élevé / Moyen	Vitesse et dribble
AG	Élevé / Moyen	Vitesse et dribble
BU	Élevé / Moyen	Vitesse et tir

5-3-2

Historique

Chaque formation avec cinq défenseurs dispose d'un équivalent avec trois défenseurs. Le 5-3-2 est basé sur le 3-1-4-2 utilisé par Antonio Conte à l'Inter. À l'époque, il alignait Lukaku et Lautaro Martinez en attaque en compagnie de Barella, Brozovic et d'un troisième joueur qui variait selon les matchs. Mais tout cela est expliqué dans le 3-1-4-2.

Résumé

Attaque

Défense

Contre-attaque

Prise en main

Avantages

- Formation difficile à contrer
- Très solide défensivement

Inconvénients

- Difficile à prendre en main
- Peu de solutions offensives

Formations pour contrer ce dispositif

- 4-3-2-1
- 4-3-3 (4)
- 4-3-3

Position	Rendement ATT/DEF	Stats importantes
DC droit	Moyen / Élevé	Vitesse et défense
DC centre	Faible / Élevé	Défense et physique
DC gauche	Moyen / Élevé	Vitesse et défense
DLD	Élevé / Élevé	Vitesse et défense
DLG	Élevé / Élevé	Vitesse et défense
MC droit	Élevé / Élevé	Passe et défense
MC centre	Moyen / Élevé	Défense et physique
MC gauche	Élevé / Élevé	Passe et vitesse
BU droit	Moyen / Faible	Physique et tir
BU gauche	Élevé / Moyen	Tir et vitesse

5-4-1

Historique

C'est la version défensive du 3-4-3. Le 3-4-3 devient un 5-4-1 en phase défensive avec les milieux latéraux et les ailiers qui redescendent pour créer un bloc défensif très compact et empêcher l'adversaire de trouver un seul espace.

Lucien Favre utilisa ce système à Dortmund, comme il est décrit dans la section dédiée au 3-4-3 de ce livre.

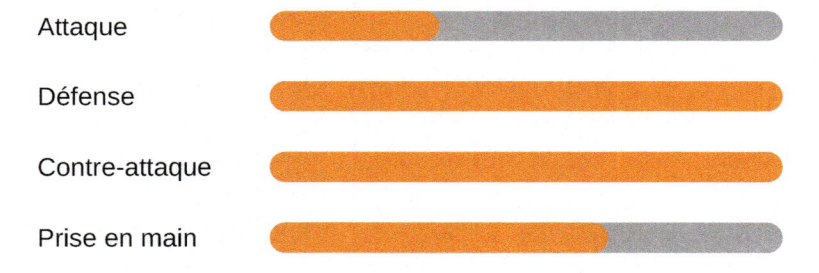

Résumé

Attaque

Défense

Contre-attaque

Prise en main

Avantages

- Deux joueurs sur chaque flanc
- Très solide défensivement

Inconvénients

- Le buteur est un peu isolé.

Formations pour contrer ce dispositif

- 4-3-2-1
- 4-3-3 (4)
- 3-5-2
- 4-5-1

Position	Rendement ATT/DEF	Stats importantes
DC droit	Moyen / Élevé	Vitesse et défense
DC centre	Faible / Élevé	Défense et physique
DC gauche	Moyen / Élevé	Vitesse et défense
DLD	Élevé / Élevé	Vitesse et défense
DLG	Élevé / Élevé	Vitesse et défense
MC droit	Moyen / Élevé	Défense et physique
MC gauche	Élevé / Élevé	Passe et défense
MD	Élevé / Moyen	Vitesse et dribble
MG	Élevé / Moyen	Vitesse et dribble
BU gauche	Élevé / Faible	Tir et vitesse

Lexique

G : gardien de but
DC : défenseur central
DG : défenseur gauche
DD : défenseur droit
DLG : défenseur latéral gauche
DLD : défenseur latéral droit
MDC : milieu défensif central
MC : milieu central
MOC : milieu offensif central
MG : milieu gauche
MD : milieu droit
AG : ailier gauche
AD : ailier droit
AVG : avant centre gauche
AVD : avant centre droit
BU : buteur
AC : attaquant
work rates : rendements
PlayStyles : styles de jeu

Discord privé

Printed in Great Britain
by Amazon